Noor van Haaften

Wenn Menschen *Jesus* begegnen

Francke

Über die Autorin:
Eleonore (Noor) van Haaften studierte Heilpädagogik an der Uni Utrecht und absolvierte an der britischen Missionsschule All Nations Christian College ein weiteres Studium. Sie war einige Jahre in der christlichen Studentenarbeit in Österreich tätig und arbeitete dann als Redakteurin und Moderatorin beim niederländischen Rundfunk- und Fernsehsender EO. Seit 2002 beschäftigt sie sich hauptsächlich mit Vortragsreisen in Europa und dem Schreiben von Büchern und Artikeln.

FSC
www.fsc.org
MIX
Papier aus verantwortungsvollen Quellen
FSC® C014138

Bibliografische Information der Deutschen Nationalbibliothek
Die Deutsche Nationalbibliothek verzeichnet diese Publikation in der Deutschen Nationalbibliografie; detaillierte bibliografische Daten sind im Internet über https://dnb.de abrufbar.

2. Auflage 2026
ISBN 978-3-96362-388-2

Am Schwanhof 19, 35037 Marburg an der Lahn
Umschlagbild: © shutterstock / Screeny
Umschlaggestaltung: Francke-Buch GmbH / Marion Schramm
Satz: Francke-Buch GmbH
Printed in Czech Republic

www.francke-buch.de
info@francke-buch.de

Inhalt

Vorwort 5

1. Kapitel
Jesus – vom Himmel gesandt 11

2. Kapitel
Ein Gespräch in der Nacht 21

3. Kapitel
Eine Begegnung in Samaria 29

4. Kapitel
Neu gemacht! 39

5. Kapitel
Aufgerichtet 46

6. Kapitel
Keiner bleibt ungesehen! 53

7. Kapitel
Wie aus wenig viel wird 61

8. Kapitel
Rastlos wie Schafe ohne Hirten 68

Nachwort 74

Fünf Schritte zu einem neuen Leben 79

Vorwort

Wer war dieser Mensch, der vor gut zweitausend Jahren auf der Erde lebte und so viel Staub aufwirbelte, weil er so total »anders« war? Wer war dieser Mensch, der einerseits auffallend barmherzig war und anderseits ausgesprochen kritisch sein konnte? Wer war dieser Mensch, der einen besonderen Draht zu Gott zu haben schien und dessen Wunder die besten Magier sprachlos dastehen ließen? Wer war dieser Mensch, dessen Leben eine überwältigende Auswirkung auf sein Umfeld und weit darüber hinaus hatte? Wie kann das sein, dass bis heute noch über ihn gesprochen wird und dass die Anzahl seiner Nachfolger nach wie vor wächst?

Die Antwort auf diese Fragen fand ich, als ich neunzehn Jahre alt war und in Utrecht studierte. Freunde luden mich ein, im Sommer an einer internationalen, christlichen Studentenfreizeit in Österreich teilzunehmen. Die vier waren bewusste Christen, was ich von mir selbst nicht sagen konnte. In eine Kirche ging ich eigentlich nur zu besonderen Anlässen wie an Weihnachten. Die »Nachtgottesdienste«, die wir als Familie an Heiligabend besuchten, gehören zu den kostbaren

Erinnerungen aus meiner Jugendzeit. Merkwürdig ist, dass ich in diesen Jahren von der Weihnachtsbotschaft nicht viel mitbekommen habe. Zwar wusste ich von dem Kind, das in Bethlehem in einem Stall geboren worden war und dessen Mutter Jungfrau war. Aber was das Kommen dieses Kindes für mich und für mein Leben bedeutete, das entdeckte ich erst in dem denkwürdigen Sommer, als ich neunzehn Jahre alt war.

Dass ich in den Sommerferien an einer internationalen, christlichen Studentenfreizeit in Österreich teilnahm, lag vornehmlich daran, dass mich die Berge anzogen. Dass bei dieser Freizeit die Bibel in Vorträgen und Gesprächskreisen zu Wort kommen würde, interessierte mich weniger. Ich nahm mir vor, dann und wann zu schwänzen und mein eigenes Programm zu gestalten. Ich freute mich darauf, die Umgebung zu erkunden und wandern zu gehen. Dass mir das nicht gelang, hatte mehrere Gründe.

Ich hatte mir, ehrlich gesagt, vorgestellt, dass die Vorträge bei dieser Freizeit langweilig und dass die Teilnehmer Menschen sein würden, die etwas abseits vom normalen Leben (und erst recht vom aufregenden Studentenleben) standen. Wer sonst würde seinen Urlaub damit verbringen wollen, die Bibel zu studieren? Bald merkte ich, dass ich das völlig falsch eingeschätzt hatte. Die Freizeitteilnehmer waren Studenten aus aller Welt, die das Leben voll liebten und lebten. Die Gespräche beim Essen waren rege und interessant. Ich besuchte einige Referate, weil ich neugierig war, wovon man so begeistert war, und entdeckte, dass ich von den Vorträgen des Hauptreferenten, einem britischen Historiker, gefesselt war. In allem war ihm anzusehen, dass er die Bibel und den Gott dieser Bibel liebhatte. Er erweckte die alten biblischen Geschichten zum Leben. Als er von Paulus sprach, war es, als sei dieser Apostel unter uns anwesend. Als er seine Botschaft auslegte, wurden die alten Worte der Bibel lebendig und aktuell. Noch nie war ich einem Menschen begegnet, der so offensichtlich begeistert von Gott war. Noch nie hatte mir jemand die Bibel so nahegebracht. Ich hätte nie erwartet, wie faszinierend dieses alte Buch ist.

Bald nahm ich an den Bibelgesprächsgruppen teil, in denen es um Begegnungen von Jesus mit Menschen ging. Die Fragen, die uns gestellt wurden (und die wir uns selbst stellten), führten dazu, dass die Bibelstellen nicht nur gelesen, sondern richtig erforscht wurden. Dabei geschah es immer wieder, dass wir uns vorstellten, wie wir das eine oder andere erlebt hätten, wenn wir dabei gewesen wären. Das alles machte das Bibellesen zu einer faszinierenden Entdeckungsreise.

Das war aber nicht alles. Meine Zimmernachbarin bei dieser Freizeit war eine amerikanische Studentin, die körperlich beeinträchtigt war. Sie hatte als Kind Polio gehabt und brauchte Schienen an den Beinen, um stehen und laufen zu können. Diese junge Frau wurde mir ein großes Vorbild. Sie war eine, die einen tiefen inneren Frieden besaß. Ihr körperlicher Zustand hinderte sie nicht daran, sich am Leben zu freuen und mit Hoffnung in die Zukunft zu schauen. Ich, die gesund war, sah bei ihr, dass mir Wesentliches fehlte. Dass sie einen Halt im Leben hatte, den ich nicht kannte. Dass ihre Freude nicht von ihren Umständen abhing, sondern einen tieferen Grund hatte. Ich beobachtete sie, wenn sie morgens früh aufstand, um in der Bibel zu lesen. Ich nahm wahr, dass sie betete. Jeden Morgen bekam ich in aller Frühe eine anschauliche Lektion und merkte, wie gut es ist, den Gott der Bibel zu kennen. Ich sah, dass er die Lebensquelle war, aus der meine Zimmernachbarin schöpfte. Ich wünschte mir, diesen Gott persönlich kennenzulernen.

In diesem Sommer in den österreichischen Alpen ging mir ein Licht auf. Ich verstand, dass Gott seit Anfang der Schöpfung die Menschen sucht. Dass sie eingeladen sind, zu ihm zu kommen und in Verbindung mit ihm zu leben. Ich verstand, dass Jesus vor gut zweitausend Jahren in Menschengestalt von Gott auf diese Erde gesandt wurde, um Menschen sein Herz zu zeigen. Mir wurde deutlich, dass er, Gottes Sohn, gekommen war, um uns mit Gott zu versöhnen. Um die Kluft zwischen Gott und Mensch zu überbrücken, die entstanden war, weil wir eigene Wege gegangen waren und uns von Gott entfremdet und getrennt hatten.

In Österreich habe ich die Botschaft Jesu gehört und angenommen: »Ich bin der Weg und die Wahrheit und das Leben. Niemand kommt zum Vater als nur durch mich.« In einem alten Schloss in den Bergen habe ich Jesus kennengelernt und er hat mein Leben auf den Kopf gestellt. Jahrzehnte später kann ich nur sagen, dass es gut ist und guttut, wenn man sein Leben dem Gott der Bibel und seinem Sohn Jesus Christus anvertraut.

Mit diesem Buch möchte ich Sie einladen, Jesus zu »entdecken«. Hören Sie auf das, was er über sich sagte. Entdecken Sie, wie er mit Menschen wie Ihnen und mir umgeht. Entdecken Sie, wie er Menschen zu einem lebendigen Glauben aufrief. Entdecken Sie, dass dieser Jesus mehr ist als eine alte Geschichte und dass er uns bis heute einlädt, zu ihm zu kommen und mit ihm zu leben.

Sie werden in diesem Buch immer wieder Bibelstellenangaben finden, z. B. »Johannes 3,16«. Der Name bezeichnet das jeweilige biblische Buch, wie das Johannesevangelium, die erste Ziffer das Kapitel, die Ziffer danach den jeweiligen Vers. »Johannes 3,16« wird also so gelesen: »Johannesevangelium, Kapitel 3,

Vers 16«. Es gibt viele unterschiedliche Bibelüberset-
zungen; in diesem Buch zitierte ich in der Regel die NeÜ bibel.heute, aber auch andere Versionen.

Noor van Haaften, 2020

1. Kapitel

Jesus – vom Himmel gesandt

(ein kurzer Überblick)

Wer die »Weihnachtsgeschichte« von der Geburt Jesu in Bethlehem kennt, weiß, dass sein Kommen in diese Welt von himmlischen Zeichen begleitet wurde. Seiner Mutter Maria wurde in ihrem Wohnort Nazareth von einem Engel gesagt, dass sie, eine Jungfrau, schwanger werden und einen Sohn zur Welt bringen würde, dessen Name Jesus sein sollte. Man würde ihn Sohn des Höchsten (hier ist Gott gemeint) nennen. Ihrem Verlobten Josef erschien in diesen Tagen ebenfalls ein Engel, und zwar in einem Traum. Dieser sagte ihm, dass die Schwangerschaft seiner zukünftigen Frau von Gott kam und die Erfüllung eines uralten Wortes des Propheten Jesaja war. Josef sollte seine Verlobte wie geplant heiraten und ihrem Sohn ein irdischer Vater sein. Hut ab vor Josef, der das tatsächlich so gemacht hat!

Als Jesus in Bethlehem auf die Welt kam, wurde Hirten, die sich mit ihrer Herde in der direkten

Umgebung dieses Ortes befanden, in der Nacht von einem Engel des Herrn verkündigt, dass der »Retter, der Messias, der Herr« geboren worden war. Während die Männer in dieser Nacht völlig überwältigt im Licht standen (in der Bibel lesen wir, dass das Licht der Herrlichkeit Gottes sie umstrahlte), fanden sie sich plötzlich umgeben von einer Menge himmlischer Wesen, die Gott lobten. Die Hirten verloren keine Zeit; sie liefen so schnell sie konnten in die Stadt, um das neugeborene Kind zu suchen. Im Orient, Tausende Kilometer von Bethlehem entfernt, entdeckten Astrologen in diesen Tagen ein kurioses Phänomen am Himmel, das dazu führte, dass sie sich aufmachten und sich von dem besonderen Stern, der so hell aufgeleuchtet war, nach Bethlehem führen ließen. Sie waren davon überzeugt, dass dort ein besonderer König geboren worden war. In ihrem Gepäck befanden sich kostbare Geschenke, eines Königs würdig.

Aus der Kindheit und Jugend von Jesus wissen wir nicht viel. Seine Eltern sind vierzig Tage nach seiner Geburt[1], mit ihm nach Jerusalem gereist, um ihn im Tempel »vorzustellen«, wie das im mosaischen Gesetz vorgeschrieben war (der Erstgeborene in einer jüdischen Familie sollte Gott »geweiht« werden). Auch dann sind wunderliche Dinge geschehen: Ein alter

1 Nach dem Gesetz des Mose wurde ein jüdischer Junge acht Tage nach seiner Geburt beschnitten. Eine Frau, die einen Sohn zur Welt gebracht hatte, galt nach seiner Geburt vierzig Tage als unrein.

Mann, dem vom Heiligen Geist zugesagt worden war, dass er nicht sterben würde, bevor er »den vom Herrn gesandten Messias« gesehen habe, wurde vom Heiligen Geist zum Tempel geführt und war rechtzeitig anwesend, um Jesus zu sehen. Er erkannte ihn direkt als den von Gott gesandten Erlöser der Welt. Dasselbe gilt für eine alte Witwe, die in diesem Moment auch im Tempel war. Diese beiden Menschen waren völlig überwältigt und lobten Gott für dieses Kind. Gott in menschlicher Gestalt!

Jesus hat in seinen frühen Jahren einige Zeit in Ägypten verbracht, wohin seine Eltern auf Hinweis eines Engels hin geflohen waren. Der Grund dafür war, dass König Herodes, der von der Geburt eines neuen Königs gehört hatte, befohlen hatte, dass alle neugeborenen jüdischen Jungen aus der Gegend um Bethlehem umgebracht werden sollten. Nach dem Tod des Königs kehrten Josef und Maria, wiederum auf Hinweis eines Engels, an ihren Wohnort Nazareth zurück. Dort lernte Jesus ein Handwerk, wie das für Jungen in jüdischen Familien üblich war: Er wurde Zimmermann.

Der folgende Vorfall ist aus seiner frühen Jugendzeit bekannt: In Jerusalem hatte man das Passafest gefeiert und es war eine große Menschenmenge auf dem Weg nach Hause. Auch Josef und Maria waren mit ihrem Sohn Jesus dabei. Die beiden gingen davon aus, dass er sich irgendwo unter diesen vielen Menschen aufhielt. Als sie aber feststellten, dass er fehlte, kehrten sie sofort zurück nach Jerusalem. Dort fanden sie Jesus im Tempel, wo er sich mit religiösen Lehrern unterhielt. Erstaunlich ist die Antwort des Zwölfjährigen, als seine Eltern ihn fragten, warum er in Jerusalem zurückgeblieben war: »Wusstet ihr nicht, dass ich im Haus meines Vaters sein muss?« Man kann es auch so lesen: »Wusstet ihr nicht, dass ich mich mit den Dingen meines Vaters beschäftigen soll?« Wir sehen hier, dass Jesus sich schon früh seiner Identität und seines Auftrags (als Gottes Sohn) bewusst war. Von ihm wird in dieser Zeit gesagt: »Jesus nahm weiter an Weisheit zu und wuchs zu einem jungen Mann heran. Gott und die Menschen hatten ihre Freude an ihm.«

Man nimmt an, dass Jesus etwa dreißig Jahre alt war, als er sein Elternhaus definitiv verließ und seinen öffentlichen Dienst aufnahm. Am Jordan, wo sein Cousin Johannes Menschen taufte und ihnen die Ankunft des Messias verkündigte, wurde auch er getauft und es geschah ein großes Wunder. Der Himmel öffnete sich und der Geist Gottes kam wie eine Taube auf Jesus. Dann sprach eine Stimme aus dem Himmel: »Dies ist mein lieber Sohn. An ihm habe ich meine Freude.« Ähnliche Worte erklangen gegen Ende seines Lebens wieder aus dem Himmel, und zwar als Jesus sich mit drei seiner Jünger auf einen Berg zurückzog, um zu beten. Während Jesus das tat, veränderte sich sein Gesicht und seine Kleider wurden strahlend weiß. Kurz darauf überschattete eine Wolke die Männer und eine Stimme sprach aus der Wolke: »Das ist mein lieber Sohn. Hört auf ihn!«

Zeichen und Wunder begleiteten Jesus auf dieser Erde. Zeichen aus dem Himmel und Wunder, die durch ihn auf dieser Erde vollbracht wurden: Heilungen, die Austreibung von bösen Geistern und sogar die Auferweckung von Toten. Obwohl die jüdische religiöse Obrigkeit Jesus abwies und loswerden wollte, erkannten ihn immer mehr Menschen als Sohn Gottes. Viele nahmen sein Zeugnis (»Ich bin von Gott gesandt worden«) und seine Botschaft (»Ich bin der Weg zu Gott, wer an mich glaubt, wird leben«) an und wurden seine Nachfolger und damit Kinder Gottes. Der Jünger Johannes drückte es so aus: »Doch allen, die ihn aufnahmen und an seinen Namen glaubten, gab er das Recht, Kinder Gottes zu werden.«

Nachdem Jesus und seine zwölf Jünger etwa drei Jahre in der Öffentlichkeit gewirkt hatten, fing er damit an, sie auf einschneidende zukünftige Veränderungen vorzubereiten. Er sprach mit ihnen über das große Leiden, das ihn erwartete. Er bereitete sie darauf vor, dass er diesem Leiden nicht ausweichen würde, weil es Teil von Gottes Plan und notwendig war. Notwendig deswegen, weil die Schuld der Menschen

– ihr Eigensinn und ihr Ungehorsam Gott gegenüber – vor Gott »bezahlt« werden musste, damit ein neuer Anfang möglich sein würde. Die Kluft zwischen Gott und Menschen, die durch die Sünde verursacht worden war, konnte nur von Jesus überbrückt werden, weil er ohne Sünde war. Er würde, so kündigte er es seinen Jüngern an, die Sünden der Menschen auf sich nehmen und sich Gottes Urteil und Gericht unterwerfen. Er würde sich kreuzigen lassen, damit für die Menschen eine Versöhnung mit Gott möglich und der Weg zu ihm wieder frei wäre. Sie sollten nicht entsetzt sein, denn das Kreuz und sein Sterben würden nicht das letzte Wort haben. Er würde vom Tod auferstehen und zu seinem Vater zurückkehren. Und sie sollten dann diejenigen sein, die sein Werk fortsetzen.

Als Jesus im Garten Getsemani verhaftet wurde, waren seine Jünger zutiefst schockiert. Daraufhin wurde er im Haus des Hohenpriesters verhört und später dem Statthalter Pilatus vorgeführt, der ihn gegen besseres Wissen preisgab, weil das Volk die Kreuzigung von Jesus forderte. In den Augen der Jünger Jesu war nun alles verloren. Aber als Jesus am Kreuz hing, kam eine unverkennbare Botschaft Gottes aus dem Himmel. Die Sonne verdunkelte sich und es wurde stockfinster im ganzen Land. Im Tempel in Jerusalem zerriss der Vorhang, der den heiligsten Teil des Tempels, wo Gott thronte, vom restlichen Tempel trennte, in zwei Teile. Es war eine anschauliche Lektion dafür, dass die Trennung zwischen Gott und Mensch durch das Sterben – das Opfer Jesu – aufgehoben worden war.

Hiermit endet die Geschichte aber nicht, sie beginnt erst richtig. Denn der Tod hatte nicht das letzte Wort! Als drei Tage später Frauen frühmorgens das Grab von Jesus besuchten, war der schwere Stein, den man davorgerollt hatte, entfernt worden und das Grab war leer.

Wieder kam eine Botschaft aus dem Himmel: Es erschienen zwei Männer in strahlenden Gewändern, die den Frauen sagten, dass man Jesus nicht bei den Toten suchen sollte. Diese himmlischen Boten erinnerten die Frauen daran, was Jesus selbst verkündigt hatte, nämlich dass er auferstehen würde.

In den vierzig Tagen nach der Auferstehung begegneten Menschen dem auferstandenen Jesus an verschiedenen Orten. In diesem Zeitraum beauftragte Jesus seine Jünger damit, in seinem Namen unter allen Völkern zur Buße aufzurufen und Vergebung der Sünde zu verkündigen. Beginnen sollten sie in Jerusalem. Dort sollten sie auch darauf warten, dass sie mit himmlischer Kraft ausgerüstet wurden.

Die Himmelfahrt Jesu geschah in der Nähe von Bethanien. Dort segnete Jesus seine Jünger; danach wurde er in den Himmel aufgenommen. Sie beobachteten, wie er emporgehoben wurde, aber dann wurde er von einer Wolke weggenommen, sodass sie ihn nicht mehr sahen. Zwei Männer in weißer Kleidung sagten denen, die dabei waren, dass Jesus auf dieselbe Weise wiederkommen würde, wie sie ihn gerade in den Himmel hatten auffahren sehen.

Auch das war (und ist!) nicht das Ende dieser Geschichte. Vierzig Tage nach Ostern öffnete sich beim Pfingstfest in Jerusalem der Himmel. Es setzten sich »Feuerzungen« auf die Jünger Jesu. Erfüllt von Gottes Geist fingen sie an, die großen Werke Gottes zu verkündigen, und zwar in verschiedenen Sprachen, sodass alle, die zum Fest nach Jerusalem gereist waren, das Evangelium in der eigenen Sprache hörten. Es kamen viele zum Glauben an Jesus und in Jerusalem entstand die erste christliche Gemeinde. Der Rest ist … Geschichte. Weltweit wird Jesus bis heute verkündigt, weltweit gibt es unzählige Menschen, die an Jesus glauben.

Lassen Sie sich mitnehmen von den Berichten über die Zeit, in der Jesus auf dieser Erde war. Versetzen Sie sich in die Lage der Menschen, die ihn erlebten. Lassen Sie sich von ihm überraschen. Dieser Jesus, der vor gut zweitausend Jahren auf dieser Erde wandelte, ist nicht tot! Zwar ist er in den Himmel zurückgekehrt, aber es kommt der Tag seiner Wiederkunft. Dann wird er die abholen, die an ihn glauben. Bis dahin ist er nach wie vor unter uns. Zwar unsichtbar, aber dennoch aktiv anwesend. Lassen Sie sich auf ihn ein! Denn wer ihn aufrichtig sucht, wird ihn finden. Wer ihn einlädt, in sein Leben zu kommen, wird das Wunder seiner Anwesenheit erleben.

»Denn so sehr hat Gott die Welt geliebt,

dass er seinen eingeborenen Sohn gab,

damit jeder, der an ihn glaubt,

nicht verloren geht,

sondern ewiges Leben hat.«

Jesus in Johannes 3,16

2. Kapitel

Ein Gespräch in der Nacht

Johannes 3,1-21

Er war Pharisäer und hatte es weit gebracht: Er war Mitglied des jüdischen Hohen Rates. Sein Name Nikodemus ist Griechisch und bedeutet Volkssieger.

Die Pharisäer waren studierte Menschen (Theologen und Rechtsgelehrte), die besonders darauf achteten, dass die Menschen das alte mosaische Gesetz genau befolgten. Sie waren die »Frommen«, die den orthodoxen Kern des Judentums repräsentierten. Ihr Grundanliegen war es, dass sich nicht nur die Priester und andere religiöse Leiter strikt an die Heiligkeits- und Reinheitsvorschriften aus dem Gesetz des Mose hielten, sondern das ganze Volk im Alltag. Die Pharisäer schienen darauf aus zu sein (und einen Gefallen daran zu haben), Menschen bei Fehlern oder Übertretungen zu ertappen. Ihr Urteil war schnell gefällt, eine Strafmaßnahme unverzüglich festgelegt. Beliebt waren diese Männer nicht!

Mitglied des jüdischen Rates zu werden, war nur

wenigen vorbehalten; der Rat bestand aus 71 Mitgliedern. Sie bildeten das höchste Regierungs- und Richtergremium der Juden, das zuständig war für Gesetzgebung, Rechtsprechung und Rechtsdurchsetzung. Der Vorsitz lag in den Händen des amtierenden Hohenpriesters, die Mitglieder stammten aus den herrschenden und früheren Hohenpriesterfamilien. Und Nikodemus war einer dieser Männer.

Als wir ihm begegnen, ist Jesus schon eine Weile unterwegs in Galiläa. Er hat zwölf Männer um sich versammelt, die mit ihm ziehen. In dieser Anfangszeit seines öffentlichen Auftritts tut sich viel und es wird viel Staub aufgewirbelt. Bei einer Hochzeit in Kana hat Jesus aus Wasser Wein gemacht und in Jerusalem hat er Chaos im Tempel verursacht, als er kurz vor dem Passafest die Händler und Verkäufer vom Tempelplatz verjagt hat. Er hat ihnen vorgeworfen, sie hätten das Haus seines Vaters zu einem Kaufhaus gemacht. Die jüdische Obrigkeit ist beunruhigt, weil dieser Jesus, der aus dem Nichts aufgetaucht zu sein scheint, Dinge tut und sagt, die man nicht einordnen kann. Beunruhigend ist auch, dass Menschen sich offensichtlich zu ihm hingezogen fühlen, ihn suchen und ihm nachfolgen. Dieser Mensch ist eine Gefahr für die öffentliche Ordnung. Was kann und soll man tun, um zu verhindern, dass er zu viel Einfluss gewinnt und immer mehr Menschen an ihn glauben?

Als Mitglied des renommierten jüdischen Rates wird auch Nikodemus Fragen zu dem Auftreten von Jesus gehabt haben. Er reagiert aber auffallend anders als seine Kollegen. Mehr als die Überlegungen, wie man den Einfluss Jesu einschränken (oder diesen Menschen sogar beseitigen) kann, beschäftigt Nikodemus die Frage, wer dieser Mann aus Nazareth ist, was er verkündigt und was er vorhat. Nikodemus will sich nicht nur mit dem Sachverhalt »Jesus« beschäftigen, sondern diesem Menschen persönlich begegnen, um anhand dieser Begegnung beurteilen zu können, was hier abläuft bzw. wer Jesus ist und was er vertritt. Es ist immer gut, wenn man sich selbst ein Urteil bildet, anstatt zu spekulieren und darauf zu hören, was geredet wird. Am besten geht man zur Quelle und erkundigt sich dort.

Es ist schon Nacht, als Nikodemus sich auf den Weg macht, um Jesus zu begegnen. Wo der sich aufhält, ist ihm offensichtlich bekannt. Besucht hat ihn aber noch keiner der überaus kritischen Pharisäer. Nun aber steht dieses ehrenwürdige Mitglied des Hohen Rates nachts bei Jesus vor der Tür. Seine Begrüßung ist auffallend. Dass er Jesus »Rabbi« und »Lehrer« nennt, ist nicht überraschend, denn daran zweifelte man nicht. Dass er aber auch sagt: »Wir wissen, dass du ein Lehrer bist, den Gott uns geschickt hat, denn deine Wunderzeichen beweisen, dass Gott mit dir ist«, ist sehr auffallend. Aus den Worten des Nikodemus können wir auf jeden Fall schließen, dass die Pharisäer nicht nur ahnten, sondern sich eingestehen mussten, dass Jesus nicht nur ein besonderer Mensch war, sondern mit göttlicher Kraft ausgestattet war, der von Gott gesandt worden war. Aber während diese Erkenntnis diese Männer in Aufregung versetzte, führte es bei Nikodemus zum Erstaunen und zur Neugier.

Bei der jüdischen Obrigkeit sehen wir also einerseits Widerstand, andererseits Offenheit. Während für die Kollegen des Nikodemus schon feststeht, dass sie Jesus kaltstellen wollten, ist es Nikodemus wichtig, Information aus erster Hand zu bekommen, also von Jesus selbst.

In dem nächtlichen Gespräch unter vier Augen erfährt Nikodemus von Jesus, dass man neu geboren werden muss, um »das Reich Gottes« zu sehen. Jesus sagt damit, dass uns Menschen die Grundlage fehlt, um himmlische Dinge zu verstehen. Als Theologe hat Nikodemus ein großes Wissen, dennoch sind seine Kenntnisse nicht ausreichend und sein Denken beschränkt. In dem Gespräch mit Jesus erfährt er, dass sein Wesen radikal umgestaltet werden muss, was nur durch Gottes Geist möglich ist. Er ist das Geschenk, das Gott den Menschen geben will, die an seinen Sohn Jesus glauben.

Der Geist Gottes will in unser Herz einziehen und dort sein »Erneuerungswerk« anfangen. Dazu gehört auch, dass er uns eine neue Sicht und eine neue Perspektive geben will. Er ermöglicht es uns, die bisher für uns verborgene Welt Gottes zu sehen. Kurz gesagt: Wer mit Gottes Geist »ausgerüstet« ist, wird ein neuer Mensch.

Wir erfahren keine weiteren Details über das, was in diesen nächtlichen Stunden unter vier Augen besprochen wird. Wir lesen nur, was Jesus über sich sagt, und nicht, was Nikodemus eventuell noch fragt, nachdem er seine Verwunderung darüber ausgesprochen hat, dass ein Mensch neu geboren werden soll, um die Dinge Gottes erkennen zu können und Anteil daran zu haben. Nikodemus denkt zunächst ganz praktisch an eine physische Geburt, die man nur einmal erleben kann. Ich persönlich verstehe seine Reaktion, es wäre mir wahrscheinlich nicht anders gegangen.

Es gibt Informationen, aus denen wir schließen können, dass dem großen Theologen während des Gesprächs mit Jesus die Augen für die geistliche Realität, von der Jesus spricht, aufgehen. Dass er daraufhin eine neue Geburt im geistlichen Sinn erlebt, sehen wir, als wir Nikodemus später wiederbegegnen. Die Volksmenge ist gespalten, weil einige in Jesus den lang ersehnten Messias sehen, während andere ihn festnehmen und loswerden wollen. Wir erfahren, dass

Nikodemus in diesen Tagen im Hohen Rat für Jesus eintritt. Zwar bekennt er sich noch nicht öffentlich als Nachfolger Jesu, er tritt aber mit dem Hinweis auf das Gesetz für Jesus ein. Damit nimmt er ein Risiko auf sich, weil er der Einzige unter den Pharisäern ist, der es wagt, für Jesus einzustehen.

Später, nach Jesu Kreuzigung und Tod, zeigt Nikodemus seinen Glauben öffentlich, indem er sich aktiv an der Beerdigung von Jesus beteiligt. Er schenkt eine kostbare Mischung aus Myrrhe und Aloe, Gewürze, die man damals bei der Einwicklung des Körpers eines Verstorbenen verwendete, um dem unangenehmen Geruch der Verwesung entgegenzuwirken. Man benutzte dazu Tücher aus Leinen und steckte die Gewürze in die Falten.

Nikodemus ist ein Mensch, der sich dem Denken seiner Theologen-Kollegen nicht automatisch anschließt. Anstatt ihre negative Meinung über Jesus zu übernehmen, macht er sich auf den Weg, um selbst nachzuforschen bzw. nachzufragen. Er tut das bei der Quelle: Jesus selbst. Der spricht anfangs etwas verhüllt, dann aber klarer über sich. Er weist Nikodemus darauf hin, dass er von Gott gesandt worden war, um die, die an ihn glauben, vor Gottes Gericht zu retten und ihnen ewiges Leben zu schenken. Er nennt sich das Licht, das in die Welt gekommen ist.

Die Geschichte des Nikodemus zeigt uns, dass sich

Nachfragen und Recherchieren lohnen! Hätte Nikodemus sich mitreißen lassen von der Meinung der Mehrheit der Pharisäer, dann wäre für ihn alles beim Alten geblieben. Nun aber findet er Gottes Sohn und damit das Leben.

»Und ich sage euch: Bittet, und ihr werdet bekommen, was ihr braucht; sucht, und ihr werdet finden, klopft an, und es wird euch geöffnet!«
(Jesus in Lukas 11,9-10)

Fragen

- Wozu fordert Nikodemus uns heraus?
- Was entdecken Sie in dieser Geschichte über Jesus?
- Was entdecken Sie über sich selbst?
- Denken Sie über Jesu Aussage nach, dass es notwendig ist, von Neuem geboren zu werden, um die Dinge Gottes zu verstehen. Der Apostel Paulus schreibt: »… lasst die Art und Weise, wie ihr denkt, von Gott erneuern und euch dadurch umgestalten.« Was braucht es, um neu geboren zu werden?

»Ich bin das Licht der Welt!

Wer mir folgt,

wird nicht mehr in der Finsternis umher-

irren,

sondern wird das Licht haben,

das zum Leben führt.«

Jesus (in Johannes 8,12)

3. Kapitel

Eine Begegnung in Samaria

Johannes 4,1-42

Mit Menschen wie ihr vermeidet man jeden Kontakt. Man spricht nicht *mit* ihr, dafür aber öfter *über* sie. Sie ist nämlich fünfmal verheiratet gewesen und lebt jetzt in wilder Ehe mit einem Mann zusammen. Was alles gewesen ist oder wie es dazu kommen konnte, dass sie so viele Männer gehabt hat, gibt den Menschen zu denken.

Es macht einsam, wenn man von der Nachbarschaft gemieden wird. Es kränkt und verletzt, wenn die anderen über einen reden und mit dem Finger auf einen zeigen. Früher oder später versucht man dann, den Menschen auszuweichen, um ihre Blicke zu vermeiden und zu verhindern, dass man bloßgestellt wird. Das tut auch die Frau, die als »die Samaritanerin« in die Geschichte eingegangen ist. Sie wird Samaritanerin genannt, weil sie in Samaria lebt. Für die Juden ist das ein Gebiet, dem man bewusst ausweicht. Die ursprünglich jüdische Bevölkerung ist durch

Mischehen ein Mischvolk geworden. Religiös gesehen sind die Samaritaner nicht mehr »koscher«. Für sie ist auch Jerusalem nicht mehr der zentrale Anbetungsort, wie es diese Stadt jahrhundertelang gewesen ist. Die Samaritaner haben den Berg Gerizim zu ihrem eigenen Anbetungsort gemacht. Kurz gesagt: In den Augen der Juden sind die Samaritaner sowohl aus ethnischen als auch aus religiösen Gründen »Außenstehende«, mit denen man nicht verkehrt.

Die Samaritanerin erfährt also eine zweifache Ablehnung: Zum einen gehört sie zu einem Volk, das von den Juden verachtet wird. Darüber hinaus wird sie aber auch von ihren eigenen Volksgenossen verachtet, weil sie in ihren Augen eine Frau ist, die eine Reihe von Männern »verschlungen« hat und jetzt in wilder Ehe lebt.

Vom Hintergrund der »Männergeschichten« dieser Samaritanerin erfahren wir nichts. Man fragt sich, wie es sein kann, dass sie fünfmal verheiratet war. Hat sie fünfmal ihren Ehemann verloren? Ist sie verwitwet, wurde sie verlassen, ist sie selbst davongelaufen? Das alles wird uns nicht erzählt. Wir müssen es auch nicht wissen, es geht uns nichts an. Wenn jemand von sich aus über sich und seine Umstände reden möchte, dann ist das okay. Schweigt jemand, dann hat er oder sie dafür seine oder ihre Gründe. Wer über den Ballast seiner Vergangenheit reden und diesen loswerden möchte, braucht zuverlässige Menschen, die nicht aus Neugier nachfragen, sondern zuerst einmal geduldig zuhören. Menschen, die Vertrauen gewinnen, weil sie barmherzig sind und schweigen können. Solche Freunde hätte man der Samaritanerin gewünscht.

Eines Tages ist die Samaritanerin beim Stadtbrunnen, um Wasser zu schöpfen. Sie hat dazu bewusst eine Uhrzeit gewählt, zu der die Straßen und Gassen menschenleer sind, weil es zu heiß ist, um das Haus zu verlassen. Sie will auf Nummer sicher gehen. Menschen zu begegnen, birgt das Risiko, öffentlich getadelt oder verspottet zu werden. Vielleicht würde man sich zu einer Mauer zusammenschließen und sie nicht durchlassen, um sie daran zu hindern, Wasser zu schöpfen. Dann wäre sie gezwungen, umzukehren und mit einem leeren Krug nach Hause zurückzukehren. Sie würde die Blicke der anderen wie Messerstiche in ihrem Rücken spüren. Sie würde ihr Kichern hören und ihr leises Tuscheln. Ja, leise, aber gerade noch laut genug, um von ihr gehört und verstanden zu werden. Dieses Risiko will und kann sie nicht eingehen. Es wäre zu viel. Dass man über sie redet, ist ihr bewusst. Der Gedanke, öffentlich in den Dreck gezogen zu werden, ist unerträglich.

So geht sie allein ihren Weg zu dem Ort, wo die Frauen sich gerne versammeln, um über alltägliche Dinge zu reden und Neuigkeiten auszutauschen. Der

Stadtbrunnen ist ein Ort der Begegnung. Der Samaritanerin wird dieses Miteinander vorenthalten. Sie ist allein mit ihren Gedanken, allein mit ihrer Unsicherheit, allein mit ihren Sorgen und Ängsten. Sie ist in diesem Moment nur damit beschäftigt, ungesehen beim Brunnen anzukommen, Wasser zu schöpfen und ungesehen wieder heimzukommen.

Ersteres gelingt ihr: Sie schafft es, ungesehen beim Brunnen anzukommen. Oder auch nicht! Denn es ist jemand da. Ein Jude. Sie kann nicht wissen, dass er auf sie wartet. Dass er Ausschau nach ihr gehalten hat und sie von Weitem hat kommen sehen. Nun merkt er, dass sie ihn wahrgenommen und seine Anwesenheit sie erschreckt hat. Er sieht, dass sie zögert.

Der Fremde beim Brunnen sagt nichts, er winkt nicht, er wartet. Die Frau soll von sich aus auf ihn zukommen, er will sie nicht zwingen. Und das tut sie. Sie kommt, weil ihr nichts anderes übrig bleibt. Sie ist den Weg zum Brunnen gegangen, weil sie Wasser braucht. Wenn sie jetzt umkehrt, wird sich erst viel später eine neue Gelegenheit dafür ergeben. So lange kann sie nicht warten. Sie hat es auch nicht wirklich nötig, denn der Mann beim Brunnen ist ein Fremder, er kennt sie nicht. Befremdend ist allerdings, dass er Jude ist. Was macht er in Samaria?

Beim Jakobsbrunnen, außerhalb der Samaritanerstadt Sichar, ist es kein Geringerer als Jesus, der auf diese Frau wartet. Er ist, so erzählt uns der Evangelist Johannes, bewusst in dieses Gebiet gegangen, weil er ihr begegnen will. Weil er ihr eine gute Nachricht überbringen will. Eine Nachricht der Befreiung von Schuld und Scham. Von Unsicherheit und Angst. Er will sie befreien von ihrem innerlichen Unfrieden, von ihrem Durst nach Angenommensein, nach Sicherheit und Geborgensein. Bisher hat sie aufs falsche Pferd gesetzt; sie hat gehofft, dass eine Beziehung die schmerzhafte Leere in ihrem Herzen ausfüllen würde. Sie hat gehofft, dass ein Mann ihr festen Boden unter den Füßen geben würde. Aber immer wieder hat sie erfahren, dass sie letztendlich leer ausging.

Beim Brunnen kommt es zu einem Gespräch, das bald in die Tiefe geht. Es fängt beim Alltäglichen an: Der Fremdling bittet die Samaritanerin darum, ein wenig Wasser für ihn zu schöpfen. Die Frage bestürzt sie. Sie ist das nicht gewöhnt, dass man sie einfach so anspricht. Dass man sie freundlich um etwas bittet. Weil diese Frage sie etwas argwöhnisch macht, reagiert sie mit einer Gegenfrage. Wie kann das sein, dass er, der offensichtlich Jude ist (das muss an seiner Kleidung und seinem Äußeren zu erkennen gewesen sein), sie um etwas bittet? Auf diese Frage hin geht es fast abrupt in die Tiefe. Der Fremdling sagt ihr, dass er einer ist, der Menschen lebendiges Wasser geben kann. Lebendiges Wasser, das mehr als ein vorläufiger »Durstlöscher« ist.

Die Samaritanerin weiß nicht, dass dieser Fremde Jesus ist. Ob sie die Geschichte von dem besonderen Kind kennt, das in Bethlehem geboren wurde? Ob sie von seiner Taufe am Jordan weiß, bei der eine Stimme aus dem Himmel gesagt hat: »Das ist mein lieber Sohn«? Ob sie etwas von dem Wunder bei einer Hochzeit in Kana gehört hat, wo er Wasser in Wein verwandelt hat? Von den Männern, die Haus und Herd (und ihren Betrieb) verlassen haben, um ihm nachzufolgen? Das alles wird uns nicht gesagt. Aber eines wird deutlich: Dieser Jesus bemüht sich darum, dieser einen Frau zu begegnen, die in ihrem Wohnort zu einer Ausgestoßenen geworden ist. Weil er ihr neues Leben schenken will.

Diese Geschichte, die der Apostel Johannes für uns aufgeschrieben hat, ist ergreifend. Sie ist auch vielsagend, weil sie uns zeigt, wie behutsam und liebevoll dieser Jesus ist und vorgeht. Und wie barmherzig er ist, das auch. Denn anstatt der Samaritanerin aufs Butterbrot zu schmieren, wie verpfuscht ihr Leben ist und dass sie es vermasselt hat, lädt er sie ein, die Maske fallen zu lassen und ihm ihr Herz zu zeigen. Als er sie bittet, ihren Mann zu holen, legt er den Finger auf den wunden Punkt ihres Lebens. Ihre schlichte Antwort »Ich habe keinen Mann« ist der Anfang von etwas Neuem. »Ich weiß das«, erwidert Jesus. »Ich weiß, wie es um dich steht. Ich weiß, wie dein Leben aussieht. Ich weiß, dass du immer wieder deine Hoffnung auf Männer gesetzt hast, weil du meintest, sie würden deinen inneren Durst stillen. Fünf Männer hast du gehabt und der, den du jetzt hast, ist nicht dein Mann.«

In diesen Worten liegt eine verborgene Botschaft, für die die Augen der Samaritanerin allmählich aufgehen. Was Jesus damit andeutet, ist dies: »Ich weiß, dass deine Ehen dir nicht gebracht haben, was du erhofft hast. Vielleicht hast du Momente von Glück gekannt, aber dann auch und immer wieder erfahren, wie zerbrechlich oder brüchig menschliches Glück ist. Ich weiß, dass dein innerer Durst nie gestillt wurde, bis heute nicht. Und darum bin ich gekommen. Um dir einen neuen Weg zu zeigen, der dich befreit. Ich weiß von dem Weg, der zum Leben führt.« Und dann: »Ich selbst, der mit dir spricht, bin dieser Weg.«

Bei der Samaritanerin vollzieht sich durch die Begegnung mit Jesus eine Veränderung in ihrem Herzen. Sie ist dem Sohn Gottes in Menschengestalt begegnet und entdeckt durch seine Worte, dass sie von Menschen erwartet hat, was nur Gott ihr schenken kann. Sie hat Jesus gesagt, wie ihr Leben aussieht, und erfährt nun, dass ein Neubeginn möglich ist. Und dass der, der am Brunnen auf sie gewartet hat, selbst die Quelle des Lebens ist.

Sie, die bisher Menschen ausgewichen ist, läuft nun in die Stadt und spricht die Bewohner des Ortes ohne Angst an. Sie fordert sie auf, zu kommen und zu sehen, wen sie beim Brunnen getroffen hat! Ihr Auftritt ist dermaßen auffallend, dass viele Samaritaner nur auf ihr Wort hin zum Glauben an Jesus kommen. Es werden noch mehr, als sie Jesus selbst begegnen und er auf die Bitte vieler Menschen hin zwei extra Tage in Sichar bleibt.

»Ich bin's«, sagt Jesus der Samaritanerin. In der griechischen Übersetzung des Neuen Testamentes kommt dieses »Ich bin's« insgesamt dreiundzwanzigmal vor. Immer wieder enthüllt Jesus etwas über sich und zeigt im Gesagten, dass er kein Mensch ist wie andere und dass nur er Menschen das schenken kann, wonach sich ihre Seele sehnt. Immer wieder betont er, dass das, was sie suchen und brauchen, nur in ihm zu finden ist. Hier, beim Brunnen bei der Stadt Sichar, wird der Samaritanerin klar, dass sie ihr Glück immer wieder am falschen Ort gesucht hat.

Auch wir schöpfen immer wieder aus Brunnen, die brüchig sind. Wir meinen, dass Menschen uns Halt und Glück bringen können. Dass Geld und Besitz uns Sicherheit verschaffen. Dass Erfolg uns trägt. Das »Wasser«, mit dem wir unsere Seele sättigen wollen, ist aber nicht mehr als ein armseliger Ersatz, der nicht die Kraft hat, unseren inneren Durst wirklich zu stillen. Das kann nur Jesus, der die Quelle des Lebens ist. Er lädt Menschen ein zu einer Beziehung mit ihm, die erquickend und erfüllend ist. Eine Beziehung, die unsere innere Unruhe vertreibt und uns Frieden bringt.

»Wenn jemand Durst hat, soll er zu mir kommen und trinken!«
(Jesus in Johannes 7,37)

Fragen

- Was entdecken Sie in dieser Geschichte über Jesus?
- Und was über sich selbst?
- Welches sind die Brunnen, aus denen Sie schöpfen? Von welchen Umständen und von welchen Menschen machen Sie Ihr Wohlbefinden und Ihre innere Sicherheit abhängig?
- Die Samariterin erfährt, dass ein Neubeginn für sie möglich ist. Was ist dafür nötig?

»Wer aber von dem Wasser trinkt,

das ich ihm geben werde,

wird niemals mehr Durst bekommen.«

Jesus (in Johannes 4,14)

4. Kapitel

Neu gemacht!

Lukas 19,1-10

Er ist klein von Gestalt, hat aber einen Beruf, in dem er sich groß und mächtig zeigt. Er ist jüdischer Steuerbeamter im Dienst der gehassten römischen Obrigkeit. Ein kleiner Diktator, hart und rücksichtslos. Er hat kein Herz für seine Mitmenschen, kennt kein Mitleid oder Erbarmen. Ob arm oder reich, zahlen soll man! Und immer geht es um viel Geld, denn die Steuern, die dieser Zachäus von den Menschen verlangt, sind unangemessen hoch.

Als Oberzöllner muss Zachäus für den römischen Staat einen festgelegten Betrag an Steuern und Zöllen in seinem Gebiet eintreiben. Er selbst lebt von den überschüssigen Einnahmen. Was diese Überschüsse betrifft, so überschreitet Zachäus Grenzen. Er geht rücksichtslos vor und zieht den Menschen das Fell über die Ohren. Jeder weiß es, aber niemand wagt es, diese Ungerechtigkeit anzuprangern. Seine Position im Dienst der Römer macht Zachäus fast unantastbar. Darum fürchten ihn die Menschen. Freunde hat er nicht.

Was hat man von einem dicken Bankkonto, wenn man keine Freunde hat? Ja, man kann sich Dinge leisten, für die anderen die Mittel fehlen. Aber macht das glücklich? Was hat man vom Leben, wenn man ständig mit Geld beschäftigt ist und darauf fokussiert ist, sein Vermögen zu vermehren? Geld und Besitz versprechen viel, aber sie sind letztendlich tote Materie, die uns keine Sicherheit bieten kann. Sie haben es aber in sich, Menschen an sich zu binden und sie zu Sklaven zu machen. Wer einmal am Geld hängt, kommt davon nicht so einfach los. Das ist bei diesem Oberzöllner Zachäus der Fall.

Er lebt in Jericho, der »Palmenstadt«, wo Herodes der Große einen imponierenden Festungskomplex mit Amphitheater, Rennbahn und römischen und jüdisch-rituellen Bädern gebaut hat. Er verbringt viele Stunden in seinem Büro und rechnet und rechnet, wie und wem er höhere Steuern auferlegen kann. Dass er von Menschen gehasst wird, nimmt er in Kauf. Es muss ihn aber berühren. Sicherlich kennt er Momente, in denen er sich seiner Einsamkeit bewusst ist und die Gemeinschaft mit anderen Menschen vermisst. Momente, vielleicht selten, in denen ihm bewusst wird, dass es ihm an etwas Wesentlichem mangelt.

Der Evangelist Lukas berichtet, dass Jesus Jericho besucht. Und dass Zachäus Jesus gerne sehen will. Ist es nur Neugier, die ihn dazu bringt, sein Zollhaus zu verlassen und einen Standort entlang der Straße zu suchen, auf der Jesus vorbeikommen soll? Ist es »nur« Neugier oder ist es mehr? Wir wissen es nicht, wir erfahren aber, dass Zachäus sich auf den Weg macht und dann in der Menschenmenge fast untergeht, weil er eben so klein ist und nicht über die Schulter und Köpfe der Menschen schauen kann. Es würde mich nicht überraschen, wenn manche Menschen aktiv versuchten, Zachäus wegzudrücken oder ihm den Durchgang zu versperren, um sich auf diese Weise für die hohe Steuerrechnung, die er ihnen präsentiert hat, zu rächen.

In dieser Situation sehen wir, wie fest entschlossen der klein gewachsene Steuerbeamte ist. Er will Jesus unbedingt sehen. Zachäus schafft es, durch die Menschenmasse zu schlüpfen, dann geht er ihr voraus und klettert auf einen Maulbeerbaum an der Straße, von dem aus er Jesus gut wird sehen können, wenn er vorbeikommt.

Ist es Neugier, die Zachäus antreibt? Das glaube ich inzwischen nicht mehr. Ich merke Zachäus Sehnsucht an: Er will diesen Rabbi, über den alle sprechen, mit eigenen Augen sehen. Es wäre ihm zu wenig, nur gerade noch ein Stück seiner Gestalt wahrzunehmen:

Zachäus will Jesus selbst sehen! Dass er dabei eine schlechte Figur abgibt, dass er sich dabei in aller Öffentlichkeit lächerlich macht, ist ihm egal. Er sucht sich einen Ast, auf dem er stehen (oder auch sitzen) kann, und wartet. Zu bedenken ist, dass ein Maulbeerbaum bis zu sechzehn Metern hoch werden kann und eine gewaltige Krone hat, die Zachäus nicht nur ein gutes Versteck, sondern auch optimale Aussicht bietet.

»Wenn ihr mich sucht, werdet ihr mich finden und leben«, lesen wir über Gott in der Bibel. Und: »Die Verlorengegangenen will ich suchen.« Beides geschieht hier. Als Jesus an Zachäus' Versteck vorbeigeht, blickt er auf zu dem Zöllner und sagt ihm, dass er schnell herabsteigen soll, weil er, Jesus, ihn besuchen will. »Ich muss heute dein Gast sein!« ist keine Bitte, sondern ein Befehl! Es ist das einzige Mal in den Evangelien, dass Jesus sich selbst als Gast bei jemandem einlädt.

Als Jesus seinen Blick auf Zachäus richtet, ist es sein Herz, das sich nach Zachäus ausstreckt. Der springt vor lauter Überraschung und Freude so schnell er nur kann vom Baum und führt Jesus zu seinem Haus. Es ist deutlich spürbar, dass die Stimmung in der Menschenmenge in diesem Augenblick umschlägt und dass gemurrt wird. Wie kann das sein, dass Jesus gerade bei diesem verhassten Erpresser einkehren will?

Während man nörgelt, geschieht das, was man nie erwarten würde: Zachäus macht eine 180-Grad-Wende und sagt Jesus, dass er die Hälfte seiner Güter den Armen geben will. Außerdem will er den Menschen, die er betrogen hat, vierfach zurückgeben, was er ihnen unrechtmäßig genommen hat. Es ist ein öffentliches Bekenntnis: »Ich habe mich falsch verhalten, ich habe Menschen ungerecht behandelt.«

In Lukas 19 wird davon berichtet, wie ein Mensch neu wird. Zachäus ist auf der Suche nach Jesus und wird von ihm gefunden. Und kaum begegnen sie sich, da bekommt Zachäus ein neues Herz. An dieser Stelle beginnt das Wirken Gottes in seinem Leben: Seine Einstellung und sein Denken werden erneuert. Es bedrückt Zachäus, dass er sich auf Kosten seiner Mitmenschen bereichert hat. Ich bin mir sicher, dass ihm auch bewusst wird, dass das Geld, auf das er immer gebaut hat, nur Materie ist, die ihm nicht das geben kann, was er in Jesus findet: einen festen Halt im Leben, eine Freude, die beständig ist, und einen inneren Frieden, der auch bei Gegenwind nicht umfällt oder verweht.

Ein Zuhause für unser Herz wird bei keinem Makler angeboten, es ist nicht mit Geld zu kaufen. Wenn wir Jesus unser Leben anvertrauen, wird uns dieses Zuhause geschenkt.

»Wenn also jemand mit Christus verbunden ist, ist er eine neue Schöpfung: Was er früher war, ist vergangen: Sieh doch, etwas Neues ist entstanden!«
2. Korinther 5,17-18.

Fragen

- Was kann der Grund dafür sein, dass Zachäus Geld zunächst so wichtig ist?
- Was könnte Zachäus dazu veranlasst haben, sich auf den Weg zu Jesus zu machen?
- Zachäus wird in seinem Versteck von Jesus gesehen und dann von ihm gerufen. Dabei sagt Jesus ihm ganz klar, dass er bei ihm einkehren will. Was sagt uns das über Jesus?
- Jesus wirft Zachäus nicht vor, dass er Menschen betrogen hat. Es ist Zachäus, der das von sich aus zugibt. Was kann ihn dazu gebracht haben, das zu tun? Warum ist das wichtig?

»Ich bin gekommen,

damit sie das Leben haben

und es im Überfluss haben.«

Jesus (in Johannes 10,10)

5. Kapitel

Aufgerichtet

Lukas 13,10-17

Wir finden ihre Geschichte nur im Lukasevangelium und das ist auffallend. Vielleicht hängt Lukas' Interesse an der Frau, die als die verkrümmte Frau in die Geschichte eingegangen ist, damit zusammen, dass er Arzt war. Ihr physischer Zustand war erbärmlich, denn sie war so verkrümmt, dass sie sich nicht mehr aufrichten konnte. Wenn man sich ihr Leben vorstellt, dann war ihre Welt wohl sehr klein geworden. Die Frau konnte weder aufblicken noch in die Ferne schauen, beim Gehen sah sie nur die eigenen Füße und die Straße. Ihr Gehen wird schmerzhaft und ihr Gang schleichend gewesen sein, weil ihre Verkrümmung sie daran hinderte, sich frei zu bewegen.

Ob sie Freunde hatte, eine Familie vielleicht? Das wird uns nicht gesagt. Man bekommt den Eindruck, dass sie allein war. Einsam wird sie sicherlich gewesen sein, weil ihre Behinderung es ihr schwer oder sogar unmöglich machte, sich an sozialen Aktivitäten zu beteiligen. Wir begegnen ihr aber in der Synagoge in ihrem Wohnort. Und zwar an dem Sabbat, an dem man Jesus erwartet.

Jesus ist inzwischen weit und breit bekannt wegen seiner Predigten und Wunder. Wenn er in einer Synagoge predigt, ist diese meistens brechend voll. So auch jetzt. Das macht es absolut verwunderlich, dass Jesus diese eine Frau in der Menschenmasse wahrnimmt. Dazu kommt, dass sie vom Podium aus nicht wirklich sichtbar ist, weil sie wegen ihrer Verkrümmung nicht gerade sitzen kann und hinter den Menschen, die in den Reihen vor ihr sitzen, verborgen bleibt. Und doch! Und doch ist sie gesehen. Von Jesus.

Immer wenn ich diese Geschichte lese, bin ich ergriffen von dem Satz: »Als Jesus sie sah, rief er sie zu sich.« Ich stelle mir vor, wie der Frau warm wird, als Jesus sie ruft. Wie sie daran zweifelt, ob er wirklich sie meint. Denn eigentlich kann sie sich nicht vorstellen, dass gerade sie von Jesus gesehen wird und er sie und nicht die Leiter der Synagoge oder andere wichtige Bürger zu sich ruft. Ich stelle mir vor, dass sie zuerst bewegungslos sitzen bleibt, weil sie meint, nicht richtig gehört zu haben. Und wie die Menschen, die neben ihr sitzen, sie dann anstoßen und ihr sagen, dass sie gemeint ist! Ich stelle mir vor, dass ein Murmeln in den Reihen entsteht, weil die

Menschen es nicht verstehen oder wahrhaben wollen, dass diese schwerbehinderte Frau, der man eher aus dem Weg geht, von diesem berühmten Prediger nach vorne gerufen wird.

Dann, endlich, steht sie auf und geht mühsam den Weg durch ihre Reihe und dann nach vorne. Sie muss gehen: Es ist, als würde sie von Seilen der Barmherzigkeit und Liebe zu Jesus gezogen.

Als sie endlich vor Jesus steht, kann sie durch ihre Verkrümmung weder die Gemeinde sehen, noch zu ihm aufblicken. Ich bin mir aber sicher, dass sie seine Nähe spürt und sich merkwürdig sicher und geborgen fühlt. Die Gemeinde ist bestimmt stumm vor Verwunderung, vielleicht gibt es auch welche, die verärgert und empört sind, weil das, was hier vor sich geht, nicht angebracht ist. Es ist den Menschen vielleicht auch unangenehm, so direkt mit ihrem Zustand konfrontiert zu werden. Das alles ist Jesus total unwichtig. Er hat sein Herz dieser Frau geöffnet, die durch ihre Verkrümmung flügellahm geworden ist. Die eher überlebt als lebt. Er wünscht ihr so viel mehr, er wünscht ihr das Leben.

Während die Gemeinde die Szene vorne in der Synagoge mit gemischten Gefühlen wahrnimmt und sich fragt, was Jesus wohl vorhat, geschieht vor ihren Augen ein großes Wunder. Nach seinen Worten »Frau, du bist frei von deinem Leiden!« legt Jesus der gekrümmten Frau die Hände auf und … gleich steht sie gerade und lobt Gott.

Wie die Gemeinde reagiert? Wir erfahren, dass der Leiter der Synagoge empört darüber ist, dass Jesus am Sabbat heilt. Er wendet sich aber nicht an Jesus, sondern richtet das Wort an die anwesende Volksmenge und verurteilt die Frau, weil sie am Sabbat gekommen ist, um sich heilen zu lassen. Seine Kritik ist total daneben. Denn die gekrümmte Frau ist nur deswegen da, weil sie Jesus hören will. Dass er gerade sie zu sich ruft und sie heilt, ist für sie genauso überraschend wie für die Anwesenden.

Man spürt in den Worten des Synagogenleiters die Frustration eines Menschen, der sich in seiner Position bedroht fühlt. Jesus ist als Gastredner in seiner Synagoge, mit dem Wunder aber zeigt er, dass er dem Synagogenleiter weit überlegen ist. Und zwar nicht nur, weil er die Frau heilen kann, sondern auch wegen seiner Barmherzigkeit, woran es diesem frommen Pharisäer mangelt.

Jesus gibt dem Synagogenleiter eine Antwort in der Form eines kleinen Gleichnisses. Als er ihm sagt, dass es doch üblich und erlaubt sei, am Sabbat seinen Ochsen oder Esel von der Krippe loszumachen und zur Tränke zu führen, will er ihm verdeutlichen, dass er, Jesus, die Frau am Sabbat losgemacht oder befreit hat von ihrer Bindung oder Krümmung und dass er sie getränkt hat. Ob das nicht wesentlich und von daher auch erlaubt sei? Auf diese Worte hin sind Jesu Widersacher beschämt.

Der Gott der Bibel ist ein Gott, der jeden einzelnen Menschen sieht. Auch Sie, die Sie dieses Buch lesen. Aber Sie sind nicht nur gesehen, sondern auch geliebt. Und gerufen. Um zu kommen und Ihr Leben Jesus anzuvertrauen. Er will Ihnen die Lasten, die Sie bedrücken, abnehmen und Sie aufrichten. Er will Ihnen das Leben schenken.

Bedenken Sie: Die gekrümmte Frau blieb nicht sitzen, sondern setzte sich in Bewegung. Sie wusste sich von Jesus gesehen und gerufen. Sie ging auf seine Einladung ein und wurde reich beschenkt. Als sie die Synagoge verließ, ging sie mit geradem Rücken ihren Weg. Ihr Blick war nicht länger beschränkt, sie sah nicht mehr nur den Staub der Erde auf ihrem Weg, sie konnte aufblicken und weit schauen, sie spürte die Sonne auf ihrem Gesicht. Kein Wunder, dass sie Gott lobte!

»Ich, der Herr, bin euer Gott (…) ich habe die Stangen eures Joches zerbrochen und euch aufrecht gehen lassen.«
(3. Mose 26,13)

Fragen

- Eine Verkrümmung muss nicht unbedingt physisch sein. Ein Mensch kann auch unter schwerwiegenden Sorgen oder anderen Lasten gebückt gehen. Welche Lasten tragen Sie mit sich herum?
- Der Apostel Petrus, der einer der ersten Jünger Jesu war, hat gesagt, dass wir unsere Sorgen auf Gott werfen sollen, »denn er sorgt für euch« (1. Petrus 5,7). Diese Worte sprechen von einem starken Gottvertrauen. Sie sind keine Theorie, denn sie basieren auf der Erfahrung des Petrus. Er hat immer wieder erlebt, dass Gott treu ist und seinen Kindern hilft und sie stärkt. Wie gehen Sie mit Ihren Sorgen um? Was machen Ihre Sorgen mit Ihnen? Was ist dafür nötig, dass sie nicht das Sagen in Ihrem Denken und Leben bekommen?
- Bedenken Sie: Die Bibel macht klar, dass Jesu Angebot, Menschen zu befreien und zu einem neuen Leben aufzurichten, ein reichhaltiges und großzügiges Angebot ist an alle, die ihm ihr Leben anvertrauen. Das gilt auch für Sie!

»Kommt her zu mir alle,

die ihr mühselig und beladen seid,

so will ich euch erquicken.«

Jesus (in Matthäus 11,28)

6. Kapitel

Keiner bleibt ungesehen!

Lukas 8,42-55

Zwei Menschen, die der Verzweiflung nahe sind, suchen Hilfe bei Jesus. Die eine Person ist eine Frau, deren Name nicht genannt wird. Wir erfahren, dass sie seit zwölf Jahren Blutungen hat. Sie hat ihr ganzes Geld für Ärzte ausgegeben, aber keiner von ihnen hat ihr helfen können. Ihre Situation ist verheerend. Sie ist nicht nur erschöpft und geschwächt, sondern ihre Blutungen haben sie auch zu einer Außenseiterin gemacht. Nach dem alten mosaischen Gesetz ist eine Frau in diesem Zustand unrein und muss sich von ihren Mitmenschen fernhalten. Für sie ist das schon achtzehn Jahre lang so. Es hat sie in diesen vielen Jahren niemand angerührt und sie selbst darf auch niemanden anrühren. Das macht wirklich arm. Die andere, zweite Person in dieser Geschichte ist ein prominenter Bürger.

Er, Jairus, ist der Vorsteher der Synagoge in dem Ort, wo Jesus sich gerade aufhält. Sein einziges Kind, eine Tochter, ist sterbenskrank. Diese beiden Menschen – eine nicht mit Namen genannte Frau und ein bekannter, angesehener Bürger – sehen in Jesus die letzte Instanz, die ihnen noch helfen kann.

Jesus ist von einer freudigen und erwartungsvollen Menschenmenge umgeben. Das Volk ist herbeigeströmt, denn es sind Wunder geschehen und man will mehr davon sehen. Auch die Frau mit den Blutungen hat sich auf den Weg gemacht; sie hofft, von Jesus geheilt zu werden. So stark ist ihr Vertrauen in seine Kraft, dass sie davon ausgeht, dass es genügen wird, sein Kleid zu berühren. Sie hofft, dass es ihr gelingen wird, in der Menschenmasse unterzugehen und nicht erkannt zu werden. Sie hofft, zu Jesus zu gelangen und ihn zu berühren, ohne dass es den Menschen auffällt. Der Synagogenvorsteher Jairus dagegen kann sein Anliegen nicht verbergen, denn jeder kennt ihn. Er will Jesus persönlich ansprechen und ihn darum bitten, ein Wunder zu tun und seine Tochter zu heilen.

Beide Menschen stellen sich mit ihrer öffentlichen Aktion bloß. Die Frau nimmt das Risiko auf sich, von Menschen erkannt und voller Abscheu abgewiesen zu werden. Jairus geht das Risiko ein, vom jüdischen Rat getadelt oder sogar abgewiesen zu werden, weil er bei Jesus Hilfe sucht, dessen Auftreten (und Predigten) von der jüdischen Obrigkeit mit Misstrauen und Missbilligung aufgenommen wird. Die Frau hat nichts zu verlieren. Jairus ist so verzweifelt, dass es ihm egal ist, was man von ihm denkt und welche Folgen sein Handeln für seinen Ruf und seine Position als Synagogenvorsteher am Ort haben könnte.

Als die Frau mit den Blutungen Jesus erreicht, ist Jairus gerade vor ihm niedergefallen. Er fleht Jesus an, direkt mitzukommen, und Jesus geht auf seine Bitte ein. Sie haben sich aber kaum in Bewegung gesetzt, als die blutflüssige Frau den Saum von Jesu Kleid anrührt. Während sie in diesem Moment spürt, dass ihre Blutungen aufhören, bleibt Jesus stehen, weil er nicht nur ihre Berührung gespürt, sondern auch gemerkt hat, dass Kraft von ihm ausgegangen ist.

Dass Jesus so plötzlich innehält, muss für Jairus ein totaler Schock sein. Jede Verzögerung ist für ihn unerträglich, weil das Leben seiner Tochter auf dem Spiel steht. Und die Frau, die geheilt wurde? Vielleicht hofft sie, in allem Getue und Gedrängel ungesehen davon zu kommen, aber dann spricht Jesus. Seine Frage »Wer hat mein Gewand berührt?« wird von seinen Jüngern mit einem »Das könnte ein jeder sein, denn die Volksmenge ist ein Riesenknäul von Menschen, die ständig zusammenstoßen« abgetan. Und doch fragt Jesus nach, denn er weiß, dass ihn jemand angerührt hat, weil er gespürt hat, dass Kraft von ihm ausgegangen ist.

Hier finden wir ein kostbares Prinzip: Jesus unterscheidet eine Berührung, die nicht bewusst oder auch nur aus Neugier geschieht, von einer Berührung, die ein aufrechtes Suchen nach ihm beinhaltet. Unter den unzählbar vielen Händen, Ellbogen und Schultern, die ihn in all dem Gedrängel berührt haben, hat Jesus die eine Hand erkannt, die sich nach ihm ausgestreckt und den Saum seines Kleides angerührt hat. Er erkennt die Not, die diese Hand vermittelt. Er spürt den Glauben. Er stärkt diese kraftlose Hand und heilt die Frau, die ihn bewusst sucht, auf der Stelle. Wir sehen hier, dass Jesus auf ein ernsthaftes Suchen reagiert, dass er handelt, wenn er Glauben sieht!

Nun muss die Frau zum Vorschein kommen und sich zu erkennen geben. Jesus will ihr in die Augen schauen und sie vor allen Menschen ansprechen, trösten und ermutigen. Er will sie heil machen und ihr in aller Öffentlichkeit ihre menschliche Würde zurückgeben.

Wir sehen die Frau zitternd vor Jesus hinfallen. Als sie Jesus erzählt, weshalb sie ihn gesucht und berührt hat, hört das ganze Volk geschockt und atemlos zu. Sie staunen, als Jesus zu ihr spricht und sie »meine Tochter« nennt. Sie staunen, als er ihr sagt, dass ihr Glaube sie gerettet hat. Zwar ist *er* der Retter bzw. der, der sie geheilt hat, aber er tat es auf ihren Glauben hin. Sie darf in Frieden ihren Weg gehen. Sie ist nicht nur geheilt worden, sondern sie ist Jesus persönlich begegnet. Diese Begegnung wird ihr Leben prägen. Sie ist ein neuer Mensch geworden.

Der Synagogenvorsteher Jairus bekommt inzwischen die Nachricht, dass seine Tochter gestorben ist und dass es deshalb keinen Sinn mehr macht, Jesus weiterhin zu belästigen. Er ist zerschlagen und macht sich vielleicht tausend Gedanken darüber, wie das sein kann, dass Jesus sich von einer Frau hat aufhalten lassen, während er, ein Diener Gottes, ihn gerade vorher dringend gebeten hatte, unverzüglich mit ihm mitzukommen. Dann aber wendet Jesus sich ihm zu und gibt Antwort auf das, was er bei sich gedacht, aber noch nicht geäußert hat: Jairus soll keine Angst haben, sondern glauben. Seine Tochter wird gerettet werden. Daraufhin machen sich beide auf den Weg zu dem Haus des Jairus.

Der Tod der zwölfjährigen Tochter des Jairus führt zu einem umwerfenden Wunder. Denn Jesus holt sie aus dem Tod zurück. Während alle, die sich um das Haus des Jairus versammelt haben, ihr frühes Sterben beklagen, geht Jesus mit drei seiner Jünger und den Eltern des Kindes ins Haus. Er wird ausgelacht, weil er zu meinen scheint, dass das Kind nicht gestorben sei, sondern schlafe. Doch hier steht der Sohn Gottes, der Macht hat über den Tod. Hier steht Jesus, für den nichts unmöglich ist. Hier steht Jesus, der ein totes Kind ins Leben zurückrufen kann. Das dürfen die Eltern des Mädchens und die, die gekommen sind, um zu wehklagen, hautnah erfahren und miterleben. Jesus nimmt das Kind bei der Hand und befiehlt ihm aufzustehen. Das geschieht und die Eltern stehen total verdutzt da. Der Evangelist Lukas schreibt: Sie »konnten kaum fassen, was da geschehen war.«

Es ist auffallend, dass nicht nur Matthäus und Markus, sondern auch Lukas von diesem Vorfall berichten. Lukas war ein griechischer Arzt und einer, der die Geschehnisse, von denen er berichtet, gründlich recherchiert hat. Er zweifelt keinen Moment daran, dass Jesus die Tochter des Jairus von den Toten auferweckt hat. Er beschreibt in seinem Bericht (Evangelium) auch, wie ein junger Mann in Nain während seines eigenen Begräbnisses von Jesus auferweckt wurde.[2] Hut ab für diesen Arzt, der bereit ist, Dinge anzunehmen (bzw. zu glauben), die medizinisch nicht zu erklären sind! Das gibt zu denken! Wenn in späteren Jahren – nach Jesu Tod, Auferstehung und Himmelfahrt – Auferweckungswunder durch die Jünger Jesu geschehen, berichtet Lukas unbefangen und ohne Fragezeichen auch davon.[3] Es ist ihm wie auch Matthäus, Markus und Johannes wichtig, dass wir anhand der Wunder Jesu, über die sie berichten, glauben, dass Jesus der

2 Lukas 7,11-17
3 Apostelgeschichte 9,36-43 und 20,9-10

Sohn Gottes ist und dass wir durch diesen Glauben (ewiges) Leben haben in seinem Namen.[4]

»Wer mich gesehen hat, hat den Vater gesehen (...) Glaubt mir, dass ich im Vater bin und der Vater in mir ist! Wenn aber nicht, dann glaubt wenigstens aufgrund der Wunderwerke selbst!«
(Jesus in Johannes 14,9-11).

Fragen

- Bedenken Sie, was die blutflüssige Frau alles dafür aufwandte, um Jesus zu begegnen. Was hat sie dazu bewegt, sich trotz allen Risiken auf den Weg zu machen?
- Jesus unterscheidet eine oberflächliche Berührung von einer Berührung, die ein aufrechtes Suchen beinhaltet. Was hat uns das zu sagen?
- Was entdecken Sie in dieser Geschichte über Jesus?
- Und was über sich selbst?
- Mit welchen Menschen in dieser Geschichte können Sie sich identifizieren?

4 Johannes 20,30-31

»Ich bin die Auferstehung und das Leben;

wer an mich glaubt, wird leben,

auch wenn er gestorben ist;

und jeder, der da lebt und an mich glaubt,

wird nicht sterben in Ewigkeit.«

Jesus (in Johannes 11,25-26)

7. Kapitel

Wie aus wenig viel wird

Johannes 6,1-14

Stellen Sie sich das einmal vor: Sie stehen vor einer Aufgabe, der Sie absolut nicht gewachsen sind. Es ist eine riesige Herausforderung, ja, eine große Zumutung. Am liebsten würden Sie gleich das Handtuch werfen. Aber das wäre eine Niederlage. Wachstum braucht Wagnis.

Es ist kurz vor dem Passafest und Jesus ist mit seinen zwölf Jüngern unterwegs nach Jerusalem. Es ist im Grunde eine einfache Reise von a nach b, aber wenn man mit Jesus unterwegs ist, erlebt man immer wieder Unerwartetes. Das geschieht auch hier.

Wir sind im Norden Galiläas. Jesus und seine Jünger sind kaum noch unter sich; Scharen von Menschen folgen ihnen. Jesu Auftreten ist das Tagesgespräch, man hat Wunder gesehen oder auch davon gehört. Jesus selbst zu erleben, ist der Wunsch vieler Menschen.

Jesus und seine Jünger haben gerade den See von

Galiläa überquert und sich auf einen Berg zurückgezogen. Ihr Rückzug ist allerdings nur von kurzer Dauer, denn als Jesus aufblickt, sieht er eine große Volksmenge auf sich zukommen.

Wenn wir uns in diese Situation hineinversetzen, dann hätten wir in diesem Augenblick bestimmt einen innerlichen Widerstand gegen diese vielen Menschen gespürt. Wir hätten geseufzt: »Nicht schon wieder! Man soll uns doch endlich mal in Ruhe lassen!« Jesus aber »tickt« ganz anders als wir. Wir sehen sein Herz für Menschen, als er sich an seinen Jünger Philippus wendet und sagt: »Wir brauchen Brot für dieses Volk.« Nein, so sagt er es nicht! Jesus stellt Philippus auf die Probe, indem er ihn herausfordert: »Wo können wir Brot kaufen, dass all diese Leute zu essen bekommen?« Philippus reagiert ganz pragmatisch und fängt an zu rechnen. Er gibt dabei eigentlich gleich auf, denn genug Essen für diese Menschenmenge zu beschaffen, ist eine Überforderung. Es würden nicht einmal 200 Denare reichen, um sie mit Brot zu versorgen. Im Grunde sagt Philippus hier: »Acht Monatslöhne eines durchschnittlichen Arbeiters würden nicht einmal ausreichen, um hiermit klarzukommen. Punkt. So ist es. Ich habe gesprochen: Es geht nicht.«

Da meldet sich Andreas, ein Fischer aus Galiläa, der ebenfalls ein Jünger Jesu ist. Es steht ein Junge bei ihm, der fünf Gerstenbrote und zwei Fische dabeihat und bereit ist, diese abzugeben. Das ist lieb gemeint, aber lächerlich. Sein Beitrag wäre ein winziger Tropfen auf den heißen Stein. So sieht Andreas das, dennoch sagt er laut, dass ein Junge ein paar Brote und Fische angeboten hat. Für den Jungen selbst ist sein Angebot nicht lächerlich gemeint: Es ist alles, was er hat.

Ist das hilflose »Wir haben das Geld nicht, das hier nötig wäre« oder »Was sind diese paar Fische und Brote für so viele?« aus dem Mund der Jünger Jesu das Ende dieser Geschichte? Nein, das ist es nicht! Die Menschen sollen sich hinsetzen. Nun sehen wir, wie viele es sind: fünftausend. Diese Zahl betrifft nur Männer, denn Frauen und Kindern werden hier nicht mitgerechnet. Rechnen wir sie dazu, dann kommen wir leicht auf zwanzigtausend Menschen, die alle hungrig sind und sich über einen Imbiss freuen würden. Sie alle setzen sich, dann nimmt Jesus die paar Brote des Jungen, dankt seinem himmlischen Vater und gibt sie seinen Jüngern, die davon austeilen sollen. Dasselbe geschieht mit den Fischen. Und das Wunder ist: Es reicht, denn die vielen Tausend Menschen werden gesättigt. Während man das Brot und die Fische austeilt, wird beides nicht weniger. Und als wäre das nicht genug, bleiben noch zwölf Körbe mit Brotresten übrig.

Die Jünger ließen sich von den Umständen leiten und standen dann mit leeren Händen da. Das Kernwort in dieser Situation war: unmöglich! Es war ihr menschliches Denken und Rechnen, das es ihnen unmöglich machte zu handeln. Ihr Problem war, dass sie auf die Umstände (und die eigene Ohnmacht) sahen und nicht mit Jesus rechneten. Ohne ihn waren sie der Situation tatsächlich nicht gewachsen. Ohne ihn kamen sie absolut zu kurz. Mit ihm aber sah es ganz anders aus.

Ein Junge gab das, was er hatte, ganz unbefangen ab. Er gab es dem Jünger Andreas mit der Erwartung, dass der damit etwas anfangen konnte. Das war leider nicht so, weil dieser Jünger nur mit sich und nicht mit Jesus rechnete. Wer hier Glaube zeigt, sind nicht die Jünger Jesu, die schon eine Weile mit ihm gezogen sind und seine Wunder hautnah miterlebt haben. Es ist ein Junge, der in seiner kindlichen Erwartung alles gibt, was er hat. Sein Vertrauen wird nicht beschämt, denn seine kleine Gabe wird über die Maßen vermehrt! Die Menschen, die dieses Zeichen miterleben, können nicht anders, als zu erkennen, dass Jesus »der Prophet, der in die Welt kommen soll«, ist. Hiermit ist der Retter oder Messias gemeint, über den hunderte Jahre zuvor schon gesprochen wurde.

Kurz nach diesem Erlebnis wirft Jesus den Menschen in der Volksmenge vor, dass sie ihn suchen, weil sie dieses Vermehrungswunder erlebt haben und satt geworden sind. Er erinnert sie an ihre Geschichte, als ihre Vorfahren während ihrer jahrelangen Wüstenreise von Gott mit »Manna« versorgt wurden, das täglich vom Himmel auf die Erde fiel. Dieses »Himmelsbrot« war ihre Nahrung, es sättigte aber nur ihren Magen (und das auch nur für eine kurze Weile), nicht ihre Seele. So ist es auch mit unserem täglichen Brot: Es sättigt nur den Magen (für eine kurze Weile) und nicht die Seele.

Das wahre Brot, sagt Jesus, ist derjenige, der aus dem Himmel herabkommt. Jesus kennt die innere Leere und Sehnsucht der Menschen und sieht, dass sie immer wieder versuchen, ihren seelischen Hunger mit Ersatzmitteln zu sättigen. Er bietet sich an als der, der Menschen nicht nur kurzzeitig satt macht, sondern ihren inneren Hunger stillt, indem er ihnen seinen Frieden schenkt.

»Ihr solltet euch nicht so viel Mühe um die vergängliche Speise machen, sondern euch um die bemühen, die für das ewige Leben vorhält. Diese Nahrung wird der Menschensohn euch geben (...) Gott will von euch, dass ihr dem vertraut, den er gesandt hat.«
(Jesus in Johannes 6,27-29)

Fragen

- Was entdecken Sie in dieser Geschichte über Jesus?
- In welcher Person (oder in welchen Personen) in dieser Geschichte erkennen Sie sich wieder?
- Kennen Sie die Erfahrung, dass Sie am Ende Ihrer Kräfte und Möglichkeiten sind? Welcher Schritt könnte bei Ihnen anstehen?
- Der Apostel Paulus schreibt in seinem Brief an die Epheser, dass Gott weit über die Maßen mehr tun kann, als wir bitten oder verstehen (Epheser 3,20). Was könnte das für Sie bedeuten?

»Ich bin das Brot des Lebens.

Wer zu mir kommt,

wird nie mehr hungrig sein,

und wer an mich glaubt,

wird nie wieder Durst haben.«

Jesus (in Johannes 6,35)

8. KAPITEL

Rastlos wie Schafe ohne Hirten

Johannes 10

Als Jesus in Galiläa unterwegs ist und das Evangelium verkündigt, trifft es ihn ins Herz, wie rastlos und ermattet die Menschen wirken. Der Evangelist Matthäus schreibt, dass sie den Eindruck machen, vernachlässigt und sich selbst überlassen zu sein, wie Schafe ohne Hirten.

Schafe, die unbeaufsichtigt sind, sind vielerlei Gefahren ausgesetzt. Sie können sich in einem dichten Gestrüpp verstricken, sie können stürzen und sich die Beine brechen oder so aufkommen, dass sie nicht mehr aufstehen können, was ihren sicheren Tod bedeutet. Sie können eine gefährliche Infektion bekommen oder von wilden Tieren angegriffen und getötet werden.

Die Anwesenheit eines Hirten bringt nicht nur Schutz, sie bringt den Schafen auch Ruhe. Ein guter

Hirte kennt seine Schafe und seine Schafe kennen ihn, sie sind einander vertraut. Tagsüber geht der Hirte seinen Schafen voran und führt sie an Orte, wo sie weiden können, und an Gewässer, wo sie trinken können. Er zählt immer wieder nach, ob alle noch da sind, und wenn eins fehlt, geht er auf die Suche, um es zu finden und es zurück zur Herde zu bringen. Er versorgt ihre Wunden oder Infektionen, er trägt sie, wenn es nötig ist. Er wacht über sie. In früheren Zeiten soll es sogar so gewesen sein, dass die Hirten nachts als Tür der Schafhürde fungierten. Abends trieben sie ihre Herde zusammen, brachten sie in ihr umzäuntes Nachtquartier oder in ihren Stall und legten sich selbst vor dem Eingang hin, um diesen zu bewachen. Die Schafe waren sicher und behütet: Dieben und Räubern wurde der Zugang verwehrt.

Jesu Feststellung, dass die Menschen rastlos, ermattet und vernachlässigt waren, und sein Vergleich der Menschen mit Schafen ohne Hirten sind gut zweitausend Jahre alt. Dennoch treffen diese Worte auch heute noch zu. Es ist bemerkenswert, dass ein niederländischer Politiker die heutige Gesellschaft, die weitgehend säkularisiert und damit Gott entfremdet ist, kürzlich als verwaist bezeichnete. Ich finde diese Formulierung stark, sie trifft zu.

Wenn Menschen Gott aus ihrem Leben entfernen, fehlt ihnen der feste Boden unter den Füßen, den uns nur der ewige Gott schenken kann. Man ist sich überlassen und sucht seinen Halt, seinen Wert und Sinn in Sachen, die nicht beständig sind: in der Karriere (Erfolg), in Geld und Besitz, in Gesundheit oder in menschlichen Beziehungen. Diese schenken uns Freude (oder auch nicht), sie sind aber letztendlich undichte Brunnen, aus denen das Wasser wegsickert. Der (innere) Durst wird an diesen Brunnen nie wirklich gestillt. Verwaist oder uns selbst überlassen sind wir heute in unserem Teil der Welt auch in dem Sinn, dass uns eine klare Ethik fehlt, die das Leben und den Wert eines Menschen bedingungslos schützt. Verwaist kann man sich auch vorkommen, weil ein echtes Miteinander selten geworden ist. Der Individualismus ist stark; es lebt immer mehr jeder für sich, man hat seine eigenen Werte und ist stolz auf sein Selbstbestimmungsrecht. Wir haben viel errungen; die technologischen und digitalen Möglichkeiten, die uns heute zur Verfügung stehen, sind enorm. Aber die Einsamkeit unter Menschen ist groß. Kurz gesagt: Wenn Gott aus unserer Gesellschaft und aus unserem persönlichen Leben entfernt wird, verlieren wir mehr, als wir vielleicht wahrhaben wollen.

Das Wunder ist, dass wir alle von Gott gesehen, geliebt und gesucht werden! Man würde verstehen, wenn Gott sich von dieser Welt entfernen würde. Wenn er uns uns selbst überlassen würde. Aber das

Umgekehrte ist der Fall. Unser Zustand bewegt den Gott des Himmels und der Erde, denn er wünscht uns Besseres. Kein Verwaist-Sein, sondern ein Geborgen-Sein. Kein Rastlos-Sein, sondern ein Leben in Frieden und Ruhe. Um das zu erwirken, ist Gott uns entgegengekommen: Er hat seinen Sohn Jesus in die Welt gesandt, um uns ein Hirte und der Weg zum wahren Leben zu sein. Er will uns alles geben, was wir zum Leben brauchen. In ihm finden wir Ruhe, Frieden, Erfüllung, Hoffnung, Freude und vieles mehr.

Wer sich Jesus anvertraut, findet Halt: Er hat festen Boden unter den Füßen und ein Dach über dem Kopf. Er hat eine unerschöpfliche Kraftquelle und ein Zuhause für sein Herz.

Der Apostel Petrus nennt Jesus den Hirten und Hüter unserer Seelen, der sein Leben für uns gegeben hat, damit wir das Leben finden. Er will uns ein Hirte sein.

»Der Herr ist mein Hirte; mir wird nichts mangeln.« (David in Psalm 23,1)

Und Jesus hat seinen Jüngern gesagt, dass er sie nach seiner Himmelfahrt nicht *verwaist* zurücklassen wird. Er wird ihnen (und allen, die an ihn glauben) einen anderen Beistand oder Helfer geben. Jesus meinte damit den Heiligen Geist, den er schon im Gespräch mit Nikodemus zur Sprache brachte (in Johannes 3 und in Kapitel 2 dieses Buches). Der Geist Gottes will in den Jesus-Gläubigen wohnen, womit für sie das »Gott mit uns« zu einem »Gott in uns« wird, solange sie auf dieser Erde leben.

Fragen

- Wie sehen Sie dieses »Verwaist-Sein«, mit dem ein Politiker kürzlich den Zustand der Menschen in unserem Teil der Erde bezeichnete?
- Was sind die Dinge, auf die Sie bauen in der Erwartung, dass diese Ihnen Halt geben werden? Welche Erfahrungen haben Sie damit gemacht?
- Was haben Sie in diesem Buch über Jesus entdeckt? Schauen Sie sich dazu noch einmal die Stellen in diesem Buch an, wo eine Aussage von Jesus über sich abgedruckt ist.

»Ich bin der gute Hirte;

der gute Hirte lässt sein Leben für die Schafe (…)

Meine Schafe hören auf meine Stimme.

Ich kenne sie, sie folgen mir,

und ich gebe ihnen das ewige Leben.

Sie werden niemals verloren gehen.

Niemand wird sie mir aus den Händen reißen.«

Jesus (in Johannes 10,11 und 27-28)

Nachwort

Wer war nun Jesus, dieser Mensch, der vor gut zweitausend Jahren auf dieser Erde lebte? Wie kann es sein, dass sein Kommen so viel Gewicht hatte, dass bei unserer Zeitrechnung bis heute von »vor Christus« und »nach Christus« gesprochen wird? Wie kann es sein, dass es Jahrhunderte später noch immer Menschen gibt, die bezeugen, dass Jesus ihr Leben verändert und erneuert hat?

Er kam vom Himmel, so sagte er.[5] Er war von Gott gesandt, um Menschen eine Botschaft der Befreiung zu bringen. Er kam, um Menschen den Weg zur Versöhnung mit Gott zu zeigen. Oder eher: um ihnen selbst dieser Weg zu sein. Er kam, nach Johannes 3,17, um die Welt zu retten.

Jesus war Gott in Menschengestalt. Aber obwohl er äußerlich ein Mensch war wie wir, hört der Vergleich damit auch schon auf. Denn Jesus unterschied sich total von den Menschen seiner Zeit und auch von uns. Er überragte seine Zeitgenossen durch sein Wesen, seinen Lebensstil und durch die Qualität seines Lebens. Es war Gottes Herz, das in ihm schlug, und Got-

5 nach Johannes 8,42

tes Wesen, das durch ihn sichtbar wurde. Der Apostel Johannes sagte von Jesus: »Wir haben seine Herrlichkeit gesehen« und »Niemand hat Gott gesehen. Der Einzige, der Gott ist und am Herzen des Vaters ruht, hat ihn uns verkündigt.«[6] Der Apostel Paulus sagte: »Er (Jesus) ist das Ebenbild des unsichtbaren Gottes.«[7] Jesus selbst sagte seinem Jünger Philippus: »Wer mich gesehen hat, hat den Vater gesehen.«[8]

Jesus war authentisch, er trug keine Maske, er hatte nichts zu verbergen. Er war heilig, nicht scheinheilig. Es gab bei ihm keine Doppeldeutigkeiten und keinen schönen Schein. Er lebte, was er lehrte. Er war barmherzig, großzügig, einladend. Er war königlich, er sprach und handelte mit Autorität und Vollmacht. Zugleich war er demütig. Er war untadelig, die Sünde war ihm fremd. Und – er liebte die Menschen. Ohne jeglichen Vorbehalt. Er zeigte ihnen, dass Gott Sünder lieb hat und dass er ihnen Gnade und Barmherzigkeit schenken will. Er selbst war die Verkörperung dieser Gnade.

Die Wunder Jesu waren Zeichen dafür, dass er von Gott kam. Er heilte Kranke, trieb Dämonen aus, erweckte Verstorbene zum Leben. Er ging während eines heftigen Sturms auf den See und brachte den Wind zum Schweigen. Er machte aus ein paar Bro-

---

6 nach Johannes 1,14 und 18
7 Kolosser 1,15
8 Johannes 14,9

ten und Fischen eine üppige Mahlzeit für Tausende Menschen. Nach seinem Sterben fand man sein Grab leer, denn er war auferstanden. Nicht lange danach kehrte er zu seinem Vater in den Himmel zurück. Weg ist er damit nicht, er ist nur für unsere Augen verborgen. Er lässt sich nach wie vor von den Menschen, die ihn aufrecht suchen, finden. Und er hat gesagt, dass die Zeit kommt, in der er auf diese Erde zurückkehren und die Menschen, die an ihn glauben, abholen wird.

Wie soll man Jesus heute suchen? Lesen Sie die Bibel. Am besten fangen Sie mit einem der vier Evangelien im Neuen Testament an oder nehmen Sie an einem Bibelkreis oder einem Alpha-Kurs[9] in Ihrer Umgebung teil. Besuchen Sie eine christliche Gemeinde. Suchen Sie das Gespräch mit Christen.

Um zu Gott zu kommen, genügt das Bekenntnis, dass wir Sünder sind. Vielleicht sagen Sie: »Ich bin okay, ich habe keine Straftat begangen.« Bedenken Sie aber, dass Sünde an erster Stelle unsere Haltung Gott gegenüber betrifft. Wenn wir Gott ablehnen oder uns sogar gegen ihn auflehnen, verfehlen wir nicht nur das Ziel unseres Lebens, sondern wir missachten auch den Schöpfer des Himmels und der Erde. Darum geht es!

Dass Sünde auch einzelne Taten meint, die nicht

---

9 www.alphakurs.de

in Ordnung sind, ist deutlich. Es gibt keinen Menschen, der sagen kann, dass Bosheit oder Habsucht, Streit, List, Neid, Hochmut, Unehrlichkeit usw. nicht in seinem Leben vorkommen. In der Bibel heißt es: »Da gibt es keinen Unterschied, denn alle haben gesündigt.« Die Folge dieser Realität ist, dass wir von Gott getrennt sind.

Wer zu Gott kommen will, darf sich auf das Opfer berufen, das Jesus gebracht hat: Er hat unsere Sünden auf sich genommen und das Gericht Gottes für uns getragen, indem er sich an unserer Stelle hat kreuzigen lassen. In seinem Namen dürfen wir im Gebet freimütig vor Gott kommen und ihm dafür danken, dass er uns als seine Kinder annimmt.

Es ist meine persönliche Erfahrung und die vieler anderer Menschen, dass derjenige, der sein Leben Jesus anvertraut, die Liebe und den Frieden Gottes kennenlernen und LEBEN wird.

Noor van Haaften

»Denn der Gewinn

aus der Sünde ist nur der Tod;

das Gnadengeschenk Gottes aber

ist das ewige Leben in Christus Jesus,

unserem Herrn.«

(der Apostel Paulus in Römer 6,23)

»Meinen Frieden gebe ich euch.«

Jesus (in Johannes 14,27)

Fünf Schritte zu einem neuen Leben

1. Wenden Sie sich im Gebet an Jesus Christus und legen Sie Ihr Leben vor ihn hin. Halten Sie nichts zurück und haben Sie keine Angst; er kennt, versteht und liebt Sie. (Matthäus 11,28)

2. Sagen Sie Jesus, dass Sie bisher in der Trennung von Gott gelebt haben und eigene Wege gegangen sind. Bekennen Sie ihm Ihre Schuld. Nennen Sie konkret, was Ihnen an Sünden bewusst ist. (1. Johannes 1,9)

3. Bitten Sie den Herrn Jesus Christus, in Ihr Leben einzukehren. Vertrauen und glauben Sie ihm von ganzem Herzen. Wenn Sie sich dem Herrn Jesus Christus so anvertrauen, schenkt er Ihnen eine »Neugeburt« und macht Sie zu einem Kind Gottes. (Johannes 1,12 und 1. Johannes 3,1)

4. Danken Sie Jesus Christus, dem Sohn Gottes, dass er für Ihre Sünde am Kreuz gestorben ist und durch sein Sterben die Kluft zwischen Ihnen und

Gott aufgehoben hat. Danken Sie ihm, dass er Sie aus dem sündigen Zustand erlöst und Ihre einzelnen Sünden vergeben hat. (Kolosser 1,14)

5. Bitten Sie den Herrn Jesus Christus, die Führung in Ihrem Leben zu übernehmen. Suchen Sie den täglichen Kontakt mit ihm durch Bibellesen und Gebet. Der Kontakt mit anderen Christen hilft, als Christ zu wachsen. Unser Herr Jesus Christus wird Ihnen Kraft und Mut zur Nachfolge geben.